A morte dos olhos

Contador Borges

A MORTE DOS OLHOS

ILUMINURAS

Capa
Carlos Clémen
sobre *Ora bolas!* (Museu de Arte Moderna - Buenos Aires), Ikebana lacaniano nº 10 (2006), couro, cristal e veludo [46 cm x 38 cm x 10 cm]. Cortesia do artista.

Ilustrações
Carlos Clémen

Revisão
Ariadne Escobar Branco

DADOS INTERNACIONAIS DE CATALOGAÇÃO NA PUBLICAÇÃO (CIP)
(Câmara Brasileira do Livro, SP, Brasil)

Borges, Contador
À morte dos olhos / Contador Borges. —
São Paulo : Iluminuras, 2007.

ISBN 978-85-7321-266-2

1. Poesia brasileira I. Título.

07-3783 CDD-869.91

Índices para catálogo sistemático

1. Poesia : Literatura brasileira 869.91

2007
EDITORA ILUMINURAS LTDA.
Rua Inácio Pereira da Rocha, 389 - 05432-011 - São Paulo - SP - Brasil
Tel: (11)3031-6161 / Fax: (11)3031-4989
iluminur@iluminuras.com.br
www.iluminuras.com.br

Ao Claudio Daniel, poeta-bodisatva,
no diálogo com os seus.

Il voyait comme un objet, ce qui faisait qu'il ne voyait pas. En lui son propre regard entrait sous la forme d'une image au moment tragique où ce regard était considéré comme la mort de toute image.

Maurice Blanchot, *Thomas l'obscur*

Os olhos nascem fechados,
varrendo o infinito.

Os olhos morrem abertos.

ÍNDICE

NERVURAS

I

O que flutua entre ramos
suspensos
em fios de ouro e amaranto
e o que jamais se revela
em júbilo
se unem na loucura do agora
que a matéria recolhe
em sumos
e infusões de vozes anfíbias
ao rés dos olhos fugazes
quando atingem a região incerta
de nós mesmos pequenos
tão pequenos
que já fomos longe no esquecimento
em louvor dos planos latentes
desse idioma
imperioso
onde o gozo é pleno
e o desamparo ausente.

II

O presente desperto
pelos poros intermináveis
subindo
e descendo na espiral dos olhos;
onde estamos, lábios e meandros,
onde estamos, úmeros por dentro,
pele por fora,
que alguém tomou nos braços:
cordeiro enamorado da lâmina,
fascínio de lâmina
decantando seus brilhos;
nós que não vemos (sentimos)
o que nos atravessa como um deserto,
indo ao fundo do sangue
e nos acorda como um vinho
nocivo para o tempo: já nem somos pupilas,
mas uvas em pálpebras vivas.

III

A cintura esguia
acontece
quando o tecido recua
e a luz assola a clareira epidérmica
com a proeza dos que assolam
e abusam
poceiros de corpos inertes,
senhores escravos
de cada centímetro cúbico perfeito
e imperfeito
somados ao exagero do império
que se alimenta das partes do corpo
e seus simulacros
quando o instinto se curva
em seu *ritornello* e se anela
entre os ossos.

IV

O rosto, a folha, o brilho opaco,
o riso enfeixando lenhas
de sua fogueira
rosada; os olhos,
estrelas queimando o derradeiro
fôlego, o pacto
de gloriosa cera
corpórea, anímica
horrorizando o tempo
e seus intentos, um tira-gosto
da eternidade, um tira-teimas
de moléculas
que a vida não espera
no calor da festa
no melhor do êxtase,
quando a carne esponjosa e secreta
se rasga
e saltam dentro vermelhos,
violetas intermináveis,
a voz inteira do crepúsculo que enfim se mostra
causador de tudo
em criminosa espuma;
tudo dentro de um mesmo apuro,
de um mesmo ensejo
de provocar contido
e alterar o feito
de metáfora embalando a fala

em seu cueiro
com a mão mais clara
a tirar proveito
para redimir o escuro;
e se tanto olhar escapa,
o rosto, a tela, traz à tona
seu mar interno
seus mártires
de pálpebras abertas, insones,
os lábios em forma de escombros
que soprando as águas
se arrastam
como as vozes se arrastam
em centelhas e folhas,
como a morte domada a fórceps
e seu tumulto,
um maremoto na boca
amarelando os olhos,
algas, algas
sonoridades roucas,
conchas de vômitos homéricos, intermitentes
palavras, dispersas, escassas.

V

Poros pensantes, luz difusa,
germe de estrelas
revoltas
na pele tecida
por dedos
e olhos de outra
mônada;
a luz é tudo para a pele,
núcleo celeste
do impulso,
a luz é sempre
um sinal de luto
na penumbra
da pálpebra,
onde a carne reina:
cachos de seios, tornozelos,
coxas aéreas,
furor de cabelos,
a cosmovisão do corpo
e seus prodígios
onde a morte (a pequena)
é o gozo
do movimento:
uma pausa
para o recomeço.

VI

Carne e unha do segredo,
a pele, um labor
fluente,
réstia de ossos
clarividentes: o extremo é quando
a morte em peso
vibra como vibra o gesto
posto à prova, a toda
prova,
um sopro escuro
no coração da fala,
um beijo sonoro como foice,
elipse,
quando rola o olho
no avesso do sonho
e floresce a pele nuamente
e sua cara-metade, o osso
erguendo a carne em toldo:
a carne
que se descola e voa.

VII

Verve nua em semelhança
de água e brilho
inflexível
contra o vento, uma adaga
ou sílaba tão cortante que perpassa
o outro lado
da carne
no tempo em que a pálpebra
recolhe
os novos olhos, sóis, oásis,
humor aquoso
e outros lagos multicores,
seres avessos
como dois ventrículos sonoros
no lado escuro do corpo,
pêndulos siameses de idênticos
sopros e pesos
ao fundo das sombras:
ária desmedida
de paixão em riste.

VIII

A concha do olvido, o inaudito
som da apara,
a voz da carne
acesa com as unhas
no instantâneo
devorador de abismo,
seu absinto,
no entre-tudo onde as dimensões
se atritam
como corpos em faíscas
e dialogam a linguagem dos corpos
que gozam entrelaçados
peixes
um oceano inteiro
e agonizam:
ver nas reticências a espuma
do recomeço,
ver na transparência
as vogais acesas como a noite
acende abantesmas
ao feixe imenso de metáforas
elétricas
diante do sujeito,
ilha
deserta
rarefeita,
entre as águas de si mesma.

IX

Pele sobre pele, atol
de ossos,
os dedos a toque de caixa
torácica,
tambor erótico: quando soa
o êxtase
em pele de tigre
(jamais cordeiro)
em carne de sintagma
aberta, zebrada
no linho entre listras
uma fala (quem ouve?)
sob medida
uma sensação diáfana
de raro obelisco, o sentido
agudo a furar o céu
da metáfora,
estrela obstinada
que passa
sem deixar vestígio
na caixa postal do espaço
mas que marca o território
cegamente
como um gato intergalático
por amor ao novelo.

X

De tanto amar o alheio
não sabemos
nem mesmo
o desejo da linguagem
sem nexo
sem centro
quando o cerne ousa discernir-se
e o linde deslindar-se
ficando sem os dedos
ou nenhuma carne
só sabemos
de um fundo
que o tempo não visita
e somente em cinza repercute
à revelia de nós mesmos
pondo em risco
o juízo
o frágil firmamento
como se o olhar morresse
de seu próprio segredo.

XI

Dança de átomos, pó de esqueleto
a erosão é sempre
o idioma dos que passam
para parte alguma,
dos que vibram em uníssono
nos corredores íntimos,
serpente líquida de sentido em riste
(mas jamais ouvida)
em asas de cedilha
dança entre as linhas
antes de tocar o alvo
e rasgar o espaço
como faz a sílaba com o lábio
leporino do acaso
e por fim revela aos olhos
quando os olhos são a imagem
em que morrem
e não mais se fecham
de tão plenos no estojo perolado,
suas pálpebras tumulares.

XII

Correndo a nervura
os dedos rebeldes
tocam sinos interditos
abrem cofres
no esplendor do encontro
de olhos abertos
e pernas entregues ao ímpeto
dos cruzamentos únicos:
um desenho insólito
com pés de polvo
em dança aérea de antanho
tocando
os pontos nevrálgicos
que de tão extremos se tornam íntimos,
perenes, como os poros
com quem dialogam
sobre a luz do suor e sais
incandescentes
que aceleram a vida
e depois descansam como só fazem
as pedras em seus aposentos
e os silêncios de sempre.

XIII

No deserto da pele, nos olhos
(quase pássaros),
sondas aéreas varrem
de extremo a extremo:
sopro de ecos sobre o silêncio;
e de repente a concha,
o som perplexo da boca de Homero:
o sem-olho, só dentes, esmerilha o destino
sob sol e chuva
para arrancar Ulisses
do sonho carcereiro da deusa.
Assim faz a carne com os sentidos,
faz a vida com a pele mortífera
até a língua exprimir seus prodígios,
até a fome inventar um antídoto,
sabores íntimos na extremidade do tato,
as regiões da língua,
os cimos do palato, este palácio
onde os sentidos fulguram,
onde as palavras destoam,
ouro soante, pérolas afoitas: primos ricos
da redundância.

A LÍNGUA CINZA
DO GRANIZO

I

Uma tarde, isso que se chama "agora"
faz a glória dos poros;
isso que fala em uníssono
e conhece o corpo pelos ossos,
pelas frestas da matéria antes mesmo de nascido
(como a sombra de um poema),
antes mesmo de tirar o pão
do devaneio
e mergulhar de olhos e ouvidos;
você chega e já faz parte disso, nenhum acorde
anuncia, nenhum gesto prepara
o que acontece, ninguém sabe (ninguém ousa)
antecipar seus efeitos de tempestade
em leito quente, no melhor momento
da clarividência
quando tudo se encaixa (uma mágica),
quando tudo ousa prescindir da linguagem;
um toque apenas disso
e o céu se rende,
as mãos se tornam parte do que movem,
do que treme e se dissolve
na densidade, no arabesco de nós
que se desfazem
quanto mais apertam e clarificam
seu sentido (mais cegos ficam);
o ápice é o melhor abrigo,
o maior sentido de quem vive

o impossível, mas também tocar seu vidro
e aniquilar-se
depois que tudo se atinge
e só resta um signo,
o sono líquido de um peixe que se sabe
oceano, oceano
que ignora o próprio reino; no entanto
sabemos, sem ciência (sabemos),
ao tocar o chão com pés ligeiros
com medo de atolar-se,
com medo de não poder voltar ao começo;
isso de tocar o nervo
e emaranhar-se
e que à luz dos poros se desmancha como teia,
como vozes que se perdem no poema,
furor de asas no deserto,
os amantes afogados em seu leito;
"agora é tarde",
quem olhar retifica
(para o tempo), sem temor ou alarde.

II

Quantos somos no arabesco?
Olhos atados, nervos
em polvorosa,
a praça lúgubre do corpo, jardim
de ossos (úmeros
entre antúrios)
na colheita dos olhos,
e de repente um cosmo,
um golpe desferido contra o tempo,
a palavra ágil
degolando estrelas.
Quanto entendemos da dor
que arrasta o corpo no arado,
e o que fica no oco da flor
sobre a terra
semeando gritos:
um crânio luminoso,
um segredo opaco?
O arabesco é tudo, caos antigo,
a lucidez um momento
e depois desamparo?

III

Os olhos morrem e as palavras respiram
em toda parte da ilusão visível
no manuseio dos seres efêmeros
como grãos de esquecimento aquecidos ao extremo
laços de claridade em seqüência
de vogais delirantes
e no mesmo instante o escuro explode no ouvido.

IV

O som que faz a terra e latim algum olvida,
o sol que a vida dissimula e não tolera o ar da chuva,
a cor que faz a uva quando enviúva,
em que pese a alma de quem sonha,
de quem morre em festa na matéria:
a noite que a língua não soletra.

V

Ouvir o corpo na fresta
a carne de terra
e o crânio de flores
dizendo
de que é feita a morte
e o tempo
subjacente
em meio ao segredo
de tudo, a cor lilás que assola
os olhos,
a profusão de lábios
dopados pelo sono;
ouvir a língua cinza
do granizo
e o que esconde o mármore
em seu livro,
mãos
que se desfazem
na escrita
onde a morte vive
nos olhos que se abrem
como lírios
como espelhos cegos
que engolem tempo
e cospem fora
a pele
dos que seguem sendo:

ouvir como são lentos
os prodígios.

VI

O que vem do signo
antes do canto de cisne, a síntese
que nele se ouve (persiste)
crescente sob a crosta da língua
até formar o ouvido
para chegar ao sentido de novo (o novo
sentido) e extraviar-se?
O signo, despido na luz, emoldurado em penumbra,
corre na pálpebra (inominável)
após ser ouvido
e esquecido, vestido de musgo,
enrolado em bandagens de múmia?
se alguém pensou em beleza,
é sonoridade sem sorte,
sem forma (somente o fantasma
da forma esmagada
nos olhos).

VII

O tempo (alvoroço) ergue a teia
do coração por dentro
com um sopro
enquanto o signo
respira, resiste
(respirar é pouco)
entre as linhas
do sentido (da vida)
e o vazio que fica
repetindo: "somos muitos",
"que ninguém se iluda
com pequenas frases";
ele que refaz seus ecos,
seus disfarces
em toda parte
ao tocar os olhos,
ao tirar dos lábios a carne,
seu rímel (seu signo)
escorrendo nas linhas,
nas unhas:
assinatura viva.

VIII

Respirar é tudo
diz a pele a outra
pele que lhe cobre
o âmago
como asas
que se fecham,
como máscara
ao cair da noite
quando a alma inflama
e o corpo
exorta a árvore
sob a pálpebra
a abrir os braços
para sempre, ao menos
é o que sente
sentado em éter
o coração na boca
o coração gelado
fazendo planos
convergentes.
Respirar é quando
o sangue
se descobre tinta
nas artimanhas
do poema
ao ouvir a carne
inebriante.

IX

Do sinuoso sim
do corpo ouvir
os guizos (signos)
asteriscos
aranha de pupila
à guisa
de serpente
no movimento da luz
intermitente
de escama em escama
de nudez em nudez
saliente
a presença tão nua
que já não se insinua
só flui aérea no arpão da luz
ocular
caindo em véu
de alumbramento
por amor à pele
(também pêlo)
enrodilhando
os sentidos no escuro
tão nítidos
como um olho vazado
por um toque fugaz de beleza
ou carícia
de ouvido

até ferir os tímpanos
até matar a sede
da escrita.

X

Finitude, ternura de ossos,
um fosso tão fundo
que a luz se intimida
e a palavra resvala como os olhos
resvalam na beleza,
no pensamento que se esconde
quando muda de sentido
em sentido, quando fala
da nudez das coisas entre sombras,
a nudez do ser na morte
nua em ossos, a morte em pétalas
de olhos cada vez mais claros
que a recobrem
enquanto dura o instante da palavra,
enquanto escorre a alma
e a tinta da alma
entre os dedos, nas entrelinhas
onde o coração dispara;
e por mais que o tempo descubra
sob as camadas da pele,
sempre a pele,
a noite de que é feita a face
e a lua das idades onde o tempo voa,
a vida escreve como a chuva escreve
(os dedos em dilúvio)
o que nos meandros latentes
o escuro murmura.

O ESPAÇO QUE FOGE

I

Nós que ouvimos tudo (vemos?) para onde vamos
na corrente de nós mesmos, no entrelace
de ossos que estalam e ressoam no zênite?
Nenhuma página completa o movimento dos olhos,
nenhum rio latente, entre fluxo e esquecimento:
algoz da própria água que alucina
e se apaga entre as linhas do dilúvio
que se acumula na clareira de signos, razão do que vibra
e só a chama da explosão entende.

II

Uma língua que não fala (só adivinha),
coroada de silêncios, assim mesmo diz,
entreabre o movimento para alguém (você ou eu)
tomado de ambivalências até a raiz dos cabelos,
desperto pelas mãos na lâmina obliqua das unhas,
tornando a marcar com a pele o essencial
de outra pele mais nítida, mergulhada nos poros,
assim mesmo, levando o corpo inteiro como um cardume
assustado pelo sangue, pelo grande momento entre os momentos
até maravilhar-se...
você está por cima, por baixo, em nenhuma parte,
coberto pelo imenso como quem se despe dos ossos;
você fecha os olhos das pequenas mortes,
das simetrias perfeitas, para ir mais fundo,
como quem, submerso, se completa (se esquece)
e só vem à tona na surpresa como se acabasse de inventar a linguagem;
mas não é preciso dizer, não há como dizer,
apenas vergar o próprio arco ou cartilagem retesada ao máximo
para aniquilar-se.

III

Estamos na miragem (em qualquer
parte), quando os olhos morrem pequenos
para o que desenham no extremo,
para o que desejam
quando a imagem foge de nós mesmos ao atar os nervos
e apertar os laços
do discernimento:
nada tão pequeno que não valha a pena,
nem quando apaga as células
que andam na carne (pensam)
como deuses líquidos no sangue
das vogais e consoantes; você ouve o abismo (uma música),
se estira na teia vermelha do coração por dentro
como faz um incêndio;
você corre para chegar mais perto
e vibra em cada esfera de segundo
como se fosse o último
e o céu logo adiante ouvindo os sinais
de nenhuma língua; você quer fugir e recua,
patina, flutua: um cavalo-marinho
ou pergunta que não encontra quem ouça (qual a saída?);
mas o corpo responde
(um desplante) com a escrita escura,
um guindaste suspenso
sobre o entendimento
a rir das próprias lacunas;
e a rosa se forma no esperma, mais poema

do que prosa,
rio-imagem que se despe para as margens
até perder os sentidos
no paraíso do umbigo: céu que nunca vimos dessa terra.

IV

O que não se viu — nenhuma luz — dissipando a linguagem;
o que jamais se ouviu e no tempo se perdeu
atando as linhas do segredo de Ariadne,
começo ou fim do que passou: um rio entre as falanges;
o que recusa a gravidade, mas ronda a gramática,
corre à deriva, sai pelas margens,
como um fantasma sem nome, sem teto,
tão nu que surpreende a claridade.

V

O olho, aço da língua
(vertigem), onde o cílio pousa e o sentido
se concilia com a morte (ainda quente):
o ar da boca
e das narinas: há quem diga
"necrose", a palavra morrendo, cortando a garganta;
quem sente, quem apanha o choque
na língua (carícia), o que se arruína;
eis o caminho entre pedras e signos,
o breu das lacunas, as ranhuras da escrita;
cabe um ponto, uma vírgula
antes que a linha se rompa,
antes que a alma escureça de tinta
e a manga do crime, a escrita perdida,
grafia de estrelas no arco voltaico
do extremo,
sem clemência, sem qualquer argumento
como um aparelho de atravessar o alheio;
mas seria ferir um cadáver
para tirá-lo do limbo
(de dentro da carne),
como se a palavra pudesse trazê-lo à vida
em nosso hálito.

VI

Olhar e perder (morrer) quando a vida fala, jorra
de si mesma:
água cega, sem trégua, enlameada
de sílabas, lábios
que não morrem na queda, no devir-
palavra;
eis o fio da meada (sem medo, sem trava),
a desmedida
na fome escura dos gestos
ao tocar por dentro o que foge,
o que jamais se completa: uma afronta, uma falha
no cerne de quem segue
e resvala;
um pouco como respirar pelo osso,
pela frase feita e desfeita na pausa,
na fresta da pálpebra que se abre
para o sonho,
para a morte suspensa
do agora;
olhar e morrer na latência pedindo silêncio, a senha
para o atrevimento (para o gozo),
entre o auge e o repouso.

VII

E de olhar morremos, jamais inteiros, jamais
(dizemos), a meio-caminho
do cume, singelo meio de iludir-se, de imiscuir-se sem termo,
seguindo (quem sabe)
um cheiro de nada que se conheça
no acervo das coisas prontas com suas cores mortas
em nossa mesa de autópsia;
assim seguimos ao cimo (que ninguém se esqueça)
na ausência de sentido, jamais tão vivos que se pudesse
acelerar os momentos e desligar o tempo,
assim mesmo, além de todo prazo, de toda economia de silêncio,
seu movimento cada vez mais raro
seguindo de olhar em riste, o que é sempre pouco
para quem se arrisca e no entanto muito além do razoável,
quem sabe, beirando o impossível de nós mesmos
suspensos no romance anômalo das células,
como tudo o que tira de cada momento uma parte
inconseqüente, um elo quebrado ou alento (diriam)
de nós mesmos, tão pequenos que tentamos de novo
armando a cama na incoerência,
tão ocos que somente um osso respeita em seu abandono;
ouvimos (crescemos) no abismo dos gestos,
apesar do tempo e seus aparelhos domésticos de entortar os dedos,
de afundar abaixo do solo,
só deixando a palha por amor ao vento,
só ficando a cinza dos argumentos, essa afronta,
essa escrita de segundos (sub-reptícia) que a vida só acusa

ao desmoronar-se no cadáver de neve dos ossos;
a vida, que se aproxima do imenso e recua
como um sol que foge de si mesmo.

VIII

Remar por dentro,
por fora, sempre
em frente, a contrapelo,
senhor dos ares e arestas:
(quem ouve?) os passos na areia,
os pés da sereia, sinal
do que seria
a surpresa entre as linhas
e sua conseqüência máxima: a vida,
de quando em quando
mentira (notívaga)
e por isso legítima, o hímen
rompido com os dentes
nos lençóis suados de mortal
silêncio vindo de antes
(sonho uterino), marinheiro
de primeiro parto
sem jamais chegar ao destino:
a ilha (Ítaca),
por amor à origem,
mas permanecer em viagem,
no poema (auto-mar)
interminável.

IX

Quem disse (quem viu?) Odisseu tocando o céu
como se não tivesse partido,
ele e as armas com braços de Penélope;
Odisseu "sou eu", disse, aos ossos
do cão, o mar ao fundo, à espera, quem sabe,
de outra viagem mais remota,
mais distante das palavras de Homero;
Odisseu: ninguém sabe se morreu, ouviu estrelas (ensurdeceu?).

X

O que nos desperta enovelados e nos arranca da vigília?
Há essa aderência onde estamos ou não
como os signos de uma teia que se pensa
enquanto esquece de que é feita;
ouça as reticências... a narrativa que se forma
e nos engole; você diz "um labirinto", "um abrigo"
o que se trama: vida e morte para a presa,
salvo o engano, mas que no entanto não comove sob o céu de tinta,
nem nos devolve a inocência;
somos estas mãos morrendo e seu acolhimento,
mãos que tramam e se desmancham entre as linhas
ao mesmo tempo, até o osso dos sentidos,
como se a nudez nos tirasse a razão para sempre
e só restassem os poros abertos, o corpo sem órgãos,
agora ou nunca, fazendo as vezes
de quem ouve, de quem sente
que o calor aumenta quando a pele se aproxima,
a pele com vontade de queimar-se...
estamos parados mas correndo nas artérias, a voz e a púrpura
da voz, o sangue e a lâmina silente, a lâmina pura
do que não vem à língua;
é agora (dizemos como quem se cala),
mas na ternura siamesa de quem ergue as patas do solo
para falar aos olhos:
você vai ao fundo e não recua,
você abre os pulsos do poema na corrente até esvanecer-se...
pensar em abismo adoça o sentido da morte?

XI

Esquecimento, sem começo nem termo,
feito de véus e memória: Odisseu passou por aqui
e Telêmaco ao fundo do espelho
rompeu com o tempo contando carneiros, correndo
entre os desejos por Penélope, fiandeira,
trançando os cabelos do homem de antes (de sempre)
até a branca demência;
mas quem desfia seu filho e a voz do poema?

XII

Beira-lume, azul-limite,
fusão do instante com o ato e seus pertences
(seus disfarces), o jeito de saltar
de lado, tocando o suplemento
com os dedos (com os olhos)
como um instrumento
e abrigar-se nas palavras (no silêncio),
até secar o intelecto
como água no deserto, como osso,
seu estepe, quando a vida encurva e pede
outro corpo (outra pele),
quando a vida quebra em muitas partes
e ignora a linguagem;
mas o corpo cresce sem tornar-se outro
por completo, sem esteio
ou cola de espelho
em todo movimento de si mesmo,
roldana sem amor à vida
que não dá ouvido ao juízo
e por paixão e risco vai descendo até o abismo
onde deus perdeu o ar em que respira,
onde o ar evita ter domínio
e a gravidade ousa retirar-se
como quem estende a mão (a palma)
ao impossível.

XIII

Fios que separam (unem) como alma
ao telefone (quem chama?)
na trama que somos (quem ouve?)
ao abrir os olhos emaranhados, a boca no escuro
como criança sem dentes
por um sentido que não se sustenta:
ver a linha da abelha (perfeita),
a linha da vida sem sombra
e o vazio clamando entre os signos
para olhos e ouvidos:
é o que dizemos, à distância, nós que ouvimos tudo (vemos?):
mas *nós* não abolem abismos.

XIV

Ouvir os poros, pedir reserva e vigília: você ou eu,
quem se atina nessa terra de ninguém?
e no entanto algo nos impele para longe, a intimidade e a nudez de parede
que nos visita no instante em que passamos
pelas frestas e só sentimos o efeito: centelhas entre espadas,
o todo arrancado das partes;
você sente quando pousa sem maior conseqüência
e pode enfim acomodar-se num sentido pleno, fosforescente
como um sol turquesa,
a pele ferida, florida, por estranhamento;
não importa como tudo começa;
você fecha os olhos, esmera o melhor argumento;
está tudo pronto, tão fácil como armar um gesto fingindo temor
com patas de tigre
ou esconder no escuro os panos sujos do coração torcido;
você sente os olhos morrendo cada vez mais rápidos como se não
tivesse outros,
enfeita as mortes com rímel e esquece;
quantas coisas caem mortas nas redes da evidência!
estamos dentro do que avança e tudo mais se cala como a noite
enovelando a pureza de um crime;
você está em alguma parte e em sua frente o touro cinza;
você fere a própria carne com um tiro mirando outro corpo;
há o acontecimento no espaço-tempo e os espelhos,
o olho restante e a linha do abismo (quem ouve?);
o segredo está perto... vai tocá-lo a asa de um menino
enfeitado com as unhas... vai tocá-lo sem razão nem perguntas

em seu juízo perfeito;
diga pele, pense alto e nossos gestos se devoram;
você vê a imprevisível linha quando se aproxima, na ausência,
a saia da serpente; você se enrosca na linha, se enrola
como um Laocoonte;
vamos para onde aponta o devaneio (para dentro do alheio),
como um nervo sempre exposto;
há algo além (aquém) mas não se sabe,
algo que se ouve por osmose (por instinto?)
um ruído nômade foragido da linguagem,
um tiro certo que lamenta a própria sorte;
temos fome, queremos como antes (como sempre)
eis o movimento: repetir-se, ir adiante, a cabeça
a ponto de abismar-se; você age como cego,
mas um cego que guardasse a claridade com medo de ofuscar-se;
então partimos,
nos quebramos em pequenos (infinitos)
pedaços que jamais se encaixam;
"vejam", dizem, "a ponte está perto", basta (insistem) erguer os braços
de preferência de olhos fechados
e tornar-se algo azulado como qualquer coisa
que se contamina, que se glorifica; respirar ainda pode,
mas como quem meramente ocupa um espaço
(quem ouve? quem vê?), um espaço que foge.

A EDUCAÇÃO PELO CORPO

Víctor Sosa

Seria impossível entender a poesia brasileira atual sem as premissas teóricas e práticas que a antecedem, desde a Semana de 22 até o Concretismo dos anos 50-60. Essas premissas postularam uma ruptura com a convenção poética vigente e abriram uma margem crítica, reflexiva, "polifônica", no dizer de Mário de Andrade. Era preciso acabar com "o mal da eloqüência" (Paulo Prado) e com a sintaxe romântica do século XIX para dar lugar à simultaneidade e à síntese que a nova época impunha. O poema breve, deslumbrante e enérgico do modernismo é a conseqüência lógica dessa mudança de paradigma poético e da construção de uma nova sintaxe análoga às invenções tecnológicas do momento: eletricidade, telegrafia, aviões, automóveis fabricados em série etc. Porém — como assinalou Mário de Andrade em sua época — essa não foi a única influência, mas também a divulgação de alguns gêneros poéticos orientais como o haiku e o tanka japonês, a poesia chinesa e o rubái persa — formas mínimas, concentradas, que, paradoxalmente, pareciam ser sinônimos de modernidade aos olhos e à sensibilidade do século XX.

Quero deter-me nessa segunda influência sintática — a oriental — para entender algumas poéticas contemporâneas e A morte dos olhos, *de Contador Borges. Sem dúvida, se o oriental chega da Europa via romantismo, adquire maior transcendência — em um plano formal e sintático — a partir da representação poundiana e do imaginismo anglo-saxão. Do* digtüng = condensare, *à mecânica do despojamento cabralino, e daí à presentificação do poema-produto concreto. Passos de um mesmo processo. Palavra-ideograma que alcança sua maior temperatura na fase heróica do Concretismo mas que continua, atenuando seu radicalismo, em poéticas contemporâneas pós ou neoconcretas que vão de Paulo Leminski a vozes como as de Frederico Barbosa, Antônio Moura, Claudio Daniel e Contador Borges, entre outros. Estes poetas, sem abandonar a preocupação com o poema-produto, com a condição objetal do poema e sua estrutura lingüística, reincorporam a condição lírica, subjetiva, mais elástica e ambígua, que o* engenheiro *Cabral havia desautorizado em sua etapa construtiva. Dialética de um mesmo processo. Pulsações de uma linguagem que a si mesma se regula. Nesse sentido, a lição aprendida do poema oriental supõe um artesanado da palavra, um mínimo comum múltiplo da linguagem, mas também uma sensibilização e interesse pela epistemologia do zen e de outros sistemas de conhecimento não-racionais.*

A morte dos olhos *participa desse despojamento, dessa condensação do dizer própria da poesia oriental, desse mesurado aquilatamento da palavra para que nomeie, assinale, enuncie, sem pueris eloqüências nem frontispícios impertinentes. A essencial concretude de Contador Borges passa por essa tradição já assinalada: modernismo-Pound-João Cabral-concretos, e se insere na "região incerta" da "loucura do agora". Nesse sentido, estamos ante uma poesia arraigada na modernidade, mas que flui em um "agora" pós-moderno, em um perpétuo presente onde o corpo adquire preeminência, adquire características cosmogônicas, totalizadoras: sinonímia de mundo. O poeta disseca, com o bisturi da linguagem bem afiado, o corpo como presente físico, como temporalidade encarnada, como material e fisiológico devir. Mais que um "eu" poético hipotético, o que aqui fala ou se deixa falar é o corpo poético hipostasiado, realidade dobrável nesses "poros pensantes", abertos à dialética do movimento, a pausa e o recomeço, sempre. Contador fala de um "presente desperto", quer dizer, um presente desalienado que se presentifica em linguagem; um presente representado em corpo, em presença, em porosidade epidérmica. Poros, pele: corpo como prodígio. Uma poética do presente percorrida pelo tato, pelas sensações das percepções. Uma poética dos sentidos, nem mais, nem menos. Uma educação pelo corpo — recordando* A educação pela pedra, *de João Cabral, ou* A educação dos cinco sentidos, *de Haroldo de Campos. Porém se o corpo é um prodígio — para Contador Borges — então está além das leis da natureza e se confunde com o milagroso e sobrenatural. Sim, não há contradição alguma: o corpo é um prodígio — um milagre — porque é natureza, é movimento, pausa e recomeço, é presente desperto. A dialética da poesia permite ao autor reconhecer o sobrenatural no natural, o divino no humano, o sagrado no carnal. E aqui se introduz outro elemento substancial do dito reconhecimento: a luz. A condição corpuscular e, por sua vez, ondulatória da luz. A luz como corpo e como onda energética; o corpo como luz que se faz e se desfaz em sua refração incessante. A luz é um prodígio, como o corpo. Porém todo prodígio — corpo, luz — deve ser devidamente percebido, documentado, levado em conta pela mecânica receptora: o olho-pálpebra, o diafragma que vela e desvela o mistério prodigioso da luz-corpo. Esse olho que vê (e vela) intermitentemente o real pode ser chamado linguagem. A linguagem nomeia o corpo porque vê (desvela), testemunha, dá sentido à carne. O corpo sem o olho se restringiria à sombra, ao mistério, ao ocultamento involuntário da forma. O olho constrói o dizer luminoso e nesse dizer, re-vela, ilumina e apaga, clarifica e obscurece o sentido profundo da carne, do corpo, do poema.*

Se Contador Borges se limitasse a um trajeto fotográfico sobre a superfície corporal, sua poética seria menor, meramente epidérmica, carente de dobras e de fundo. Afortunadamente, não é assim. A inspeção de seu objeto de estudo não se limita ao ínfimo visível do iceberg, se prolonga às zonas invisíveis e intangíveis do osso — literalmente falando e em todos os sentidos —, submerge no lado escuro do corpo até o estalido da carne, até a dissecação do organismo, com sílabas como adagas que abrem e se abrem na escuridão da matéria até o pó final do esqueleto. A intenção é chegar à medula para pô-la — e expô-la — em dúvida, no interdito, para perguntar o que há além desse ápice, dessa vertigem, dessa desaparição do sujeito na "caixa torácica" do poema.

Talvez por isso, até o final do poemário, o signo — como sinônimo de um não-dizer ou um dizer cifrado — se impõe. O signo: sinais de nenhuma língua que, no entanto, é razão do que vibra. O corpo da fala torna-se água que corre sem trégua "enlameada de sílabas" e que se metamorfoseia em "lábios que não morrem na queda", nesse "devir-palavra". Fluxo incompleto que derrapa, deslava e resvala pelo corpo da linguagem-mundo: "um respirar pelo osso" "entre o auge e o repouso".

Contador Borges olha sua fala, vê-se nela e, por momentos, toca o abismo, ilumina em sua queda o osso, meneia em seu nervo ótico e transpassa até o infrafino *dos sentidos. Não há* non plus ultra *que o detenha em seu intento de Ítaca. É um Ulisses que vence a deusa Razão sem deixar de ser racional, sem abandonar as ferramentas da inteligência mas também sem sucumbir a elas. Superando a falsa dicotomia entre a luz e a escuridão, a pele (o poro) e a medula, o olho que vê e a pálpebra que vela, a natureza e o prodígio, o poeta nos convida a esta Morte dos olhos para recuperar a visão impossibilitada até a obscura transparência de um mesmo.*

Cidade do México, 2007.
Tradução de Claudio Daniel.

Foto Samuel Leon

SOBRE O AUTOR

Luiz Augusto Contador Borges, paulistano, é poeta, ensaísta e tradutor. Leciona Filosofia na Fundação Escola de Sociologia e Política de São Paulo. Publicou, por esta editora, os livros de poesia *Angelolatria* (1997), *O reino da pele* (2003), e *Wittgenstein!, peça em 1 ato* (2007), assim como as traduções de *Aurélia*, de Nerval, *O nu perdido e outros poemas*, de René Char, e *A filosofia na alcova*, do Marquês de Sade, entre outras.

OUTROS TÍTULOS
DESTA EDITORA

CONTOS E FÁBULAS
Charles Perrault

MADE IN BRASIL
TRÊS DÉCADAS DO VÍDEO BRASILEIRO
Arlindo Machado (org.)

A COMÉDIA INTELECTUAL DE PAUL VALÉRY
João Alexandre Barbosa

ARRAES
Tereza Rozowykwiat

O AMOR NÃO TEM BONS SENTIMENTOS
Raimundo Carrero

História natural da ditadura
Teixeira Coelho

Popol Vuh
Gordon Brotherston e Sérgio Medeiros (orgs.)

Almádena
Mariana Ianelli

Alguns poemas
Emily Dickinson

Folhas de relva
Walt Whitman

Hipólito e Fedra - três tragédias
Eurípedes, Sêneca, Racine

Este livro foi composto em
Garamond pela *Iluminuras* e
terminou de ser impresso no
dia 30 de novembro de 2007
na *Associação Palas Athena*, em
São Paulo, SP.